Date: _____

Time: _____

Deck: _____

Keywords: _____

_____

_____

How I'm Feeling Today:

Imagery Thoughts: _____

_____

_____

_____

Initial Interpretation: _____

_____

_____

_____

_____

_____

Evening Interpretation: _____

_____

_____

_____

_____

_____

Date: _____

Time: _____

Deck: _____

_____

Keywords: _____

_____

_____

Today's Card

How I'm Feeling Today:

Imagery Thoughts: _____

_____

_____

_____

Initial Interpretation: _____

_____

_____

_____

_____

_____

Evening Interpretation: _____

_____

_____

_____

_____

_____

Date: _____

Time: _____

Deck: _____

_____

Keywords: _____

_____

_____

How I'm Feeling Today:

Imagery Thoughts: _____

_____

_____

_____

Initial Interpretation: _____

_____

_____

_____

_____

_____

Evening Interpretation: _____

_____

_____

_____

_____

_____

Today's Card

Date: _____

Time: _____

Deck: _____

Keywords: _____

_____

_____

Today's Card

How I'm Feeling Today:

Imagery Thoughts: _____

_____

_____

_____

Initial Interpretation: _____

_____

_____

_____

_____

Evening Interpretation: _____

_____

_____

_____

_____

Date: _____

Time: _____

Deck: _____

_____

Keywords: _____

_____

_____

Today's Card

How I'm Feeling Today:

Imagery Thoughts: _____

_____

_____

_____

Initial Interpretation: _____

_____

_____

_____

_____

_____

Evening Interpretation: _____

_____

_____

_____

_____

_____

Date: _____

Time: _____

Deck: _____

Keywords: _____

_____

How I'm Feeling Today:

😄 😀 🙂 😐 🙁 😖 🤨 😠

Imagery Thoughts: _____

_____

_____

_____

Initial Interpretation: _____

_____

_____

_____

_____

Evening Interpretation: _____

_____

_____

_____

_____

_____

Today's Card

Date: _____

Time: _____

Deck: _____

Keywords: _____

_____

_____

How I'm Feeling Today:

☺ 😃 🙂 😐 ☹ 😣 🙄 😠

Imagery Thoughts: _____

_____

_____

_____

Initial Interpretation: _____

_____

_____

_____

_____

_____

Evening Interpretation: _____

_____

_____

_____

_____

_____

Today's Card

Date: _____

Time: _____

Deck: _____

Keywords: _____

_____

_____

How I'm Feeling Today:

Imagery Thoughts: _____

_____

_____

Initial Interpretation: _____

_____

_____

_____

_____

Evening Interpretation: _____

_____

_____

_____

_____

_____

Today's Card

Date: _____

Time: _____

Deck: _____

Keywords: _____
_____
_____

How I'm Feeling Today:

😄 😀 🙂 😐 🙁 😧 😬 😠

Today's Card

Imagery Thoughts: _____
_____
_____
_____

Initial Interpretation: _____
_____
_____
_____
_____
_____

Evening Interpretation: _____
_____
_____
_____
_____
_____

Date: _____

Today's Card

Time: _____

Deck: _____

Keywords: _____

How I'm Feeling Today:

Imagery Thoughts: _____

_____

_____

_____

Initial Interpretation: _____

_____

_____

_____

_____

_____

Evening Interpretation: _____

_____

_____

_____

_____

_____

Date: _____

Time: _____

Deck: _____

Keywords: _____

_____

How I'm Feeling Today:

😆 😃 🙂 😐 😣 😖 😵 😡

Imagery Thoughts: _____

_____

_____

Initial Interpretation: _____

_____

_____

_____

_____

Evening Interpretation: _____

_____

_____

_____

_____

Today's Card

Date: _____

Time: _____

Deck: _____

_____

Keywords: _____

_____

_____

How I'm Feeling Today:

Today's Card

😄 😃 🙂 😐 🙁 😖 🤨 😠

Imagery Thoughts:

_____

_____

_____

Initial Interpretation: _____

_____

_____

_____

_____

_____

Evening Interpretation: _____

_____

_____

_____

_____

_____

Date: _____

Time: _____

Deck: _____

_____

Keywords: _____

_____

_____

Today's Card

How I'm Feeling Today:

Imagery Thoughts: _____

_____

_____

_____

Initial Interpretation: _____

_____

_____

_____

_____

_____

Evening Interpretation: _____

_____

_____

_____

_____

_____

Date: _____

Time: _____

Deck: _____

_____

Keywords: _____

_____

_____

Today's Card

How I'm Feeling Today:

Imagery Thoughts: _____

_____

_____

Initial Interpretation: _____

_____

_____

_____

_____

Evening Interpretation: _____

_____

_____

_____

_____

Date: _____

Time: _____

Deck: _____

_____

Keywords: _____

_____

_____

How I'm Feeling Today:

Today's Card

Imagery Thoughts: _____

_____

_____

Initial Interpretation: _____

_____

_____

_____

_____

Evening Interpretation: _____

_____

_____

_____

_____

Date: _____

Time: _____

Deck: _____

Keywords: _____

_____

_____

Today's Card

How I'm Feeling Today:

Imagery Thoughts: _____

_____

_____

Initial Interpretation: _____

_____

_____

_____

_____

Evening Interpretation: _____

_____

_____

_____

_____

Date: _____

Time: _____

Deck: _____

Keywords: _____
_____

How I'm Feeling Today:

Today's Card

Imagery Thoughts: _____
_____
_____

Initial Interpretation: _____
_____
_____
_____
_____

Evening Interpretation: _____
_____
_____
_____
_____

Date: _____

Time: _____

Deck: _____

Keywords: _____
_____
_____

How I'm Feeling Today:

Today's Card

Imagery Thoughts: _____
_____
_____
_____

Initial Interpretation: _____
_____
_____
_____
_____
_____

Evening Interpretation: _____
_____
_____
_____
_____
_____

Date: _____

Time: _____

Deck: _____

_____

Keywords: _____

_____

_____

Today's Card

How I'm Feeling Today:

😄 😃 🙂 😐 🙁 😖 🙄 😠

Imagery Thoughts: _____

_____

_____

_____

Initial Interpretation: _____

_____

_____

_____

_____

Evening Interpretation: _____

_____

_____

_____

_____

Date: _____

Time: _____

Deck: _____

_____

Keywords: _____

_____

_____

How I'm Feeling Today:

Imagery Thoughts: _____

_____

_____

_____

Initial Interpretation: _____

_____

_____

_____

_____

_____

Evening Interpretation: _____

_____

_____

_____

_____

_____

Today's Card

Date: _____

Time: _____

Deck: _____

_____

Keywords: _____

_____

_____

How I'm Feeling Today:

Today's Card

Imagery Thoughts: _____

_____

_____

_____

Initial Interpretation: _____

_____

_____

_____

_____

_____

Evening Interpretation: _____

_____

_____

_____

_____

_____

Date: _____

Time: _____

Deck: _____

_____

Keywords: _____

_____

_____

Today's Card

How I'm Feeling Today:

Imagery Thoughts: _____

_____

_____

_____

Initial Interpretation: _____

_____

_____

_____

_____

_____

Evening Interpretation: _____

_____

_____

_____

_____

Date: _____

Time: _____

Deck: _____

Keywords: _____

_____

_____

Today's Card

How I'm Feeling Today:

Imagery Thoughts: _____

_____

_____

_____

Initial Interpretation: _____

_____

_____

_____

_____

_____

Evening Interpretation: _____

_____

_____

_____

_____

_____

Date: _____

Time: _____

Deck: _____

_____

Keywords: _____

_____

_____

How I'm Feeling Today:

Today's Card

Imagery Thoughts: _____

_____

_____

Initial Interpretation: _____

_____

_____

_____

_____

Evening Interpretation: _____

_____

_____

_____

_____

Date: _____

Time: _____

Deck: _____

_____

Keywords: _____

_____

_____

How I'm Feeling Today:

Today's Card

Imagery Thoughts: _____

_____

_____

Initial Interpretation: _____

_____

_____

_____

_____

Evening Interpretation: _____

_____

_____

_____

_____

_____

Date: _____

Time: _____

Deck: _____

_____

Keywords: _____

_____

_____

Today's Card

How I'm Feeling Today:

Imagery Thoughts: _____

_____

_____

_____

Initial Interpretation: _____

_____

_____

_____

_____

Evening Interpretation: _____

_____

_____

_____

_____

Date: _____

Time: _____

Deck: _____

_____

Keywords: _____

_____

How I'm Feeling Today:

Today's Card

Imagery Thoughts: _____

_____

_____

Initial Interpretation: _____

_____

_____

_____

_____

Evening Interpretation: _____

_____

_____

_____

_____

Date: _____

Time: _____

Deck: _____

Keywords: _____

_____

Today's Card

How I'm Feeling Today:

Imagery Thoughts: _____

_____

_____

Initial Interpretation: _____

_____

_____

_____

_____

Evening Interpretation: _____

_____

_____

_____

_____

Date: _____

Time: _____

Deck: _____

Keywords: _____
_____
_____

Today's Card

How I'm Feeling Today:

☺ 😄 🙂 😐 ☹ 😖 🥺 😠

Imagery Thoughts: _____
_____
_____
_____

Initial Interpretation: _____
_____
_____
_____
_____
_____

Evening Interpretation: _____
_____
_____
_____
_____
_____

Date: _____

Time: _____

Deck: _____

_____

Keywords: _____

_____

_____

Today's Card

How I'm Feeling Today:

Imagery Thoughts: _____

_____

_____

_____

Initial Interpretation: _____

_____

_____

_____

_____

Evening Interpretation: _____

_____

_____

_____

_____

Date: _____

Time: _____

Deck: _____

Keywords: _____

_____

_____

Today's Card

How I'm Feeling Today:

Imagery Thoughts: _____

_____

_____

Initial Interpretation: _____

_____

_____

_____

_____

Evening Interpretation: _____

_____

_____

_____

_____

Date: _____

Time: _____

Deck: _____

Keywords: _____
_____
_____

Today's Card

How I'm Feeling Today:

😄 😃 🙂 😐 🙁 😖 🥺 😠

Imagery Thoughts: _____
_____
_____
_____

Initial Interpretation: _____
_____
_____
_____
_____

Evening Interpretation: _____
_____
_____
_____
_____

Date: _____

Time: _____

Deck: _____

_____

Keywords: _____

_____

_____

Today's Card

How I'm Feeling Today:

😆 😃 🙂 😐 🙁 😖 🥺 😠

Imagery Thoughts: _____

_____

_____

_____

Initial Interpretation: _____

_____

_____

_____

_____

Evening Interpretation: _____

_____

_____

_____

_____

Date: _____

Time: _____

Deck: _____

_____

Keywords: _____

_____

_____

Today's Card

How I'm Feeling Today:

Imagery Thoughts: _____

_____

_____

_____

Initial Interpretation: _____

_____

_____

_____

_____

Evening Interpretation: _____

_____

_____

_____

_____

Date: _____

Time: _____

Deck: _____

Keywords: _____

_____

_____

Today's Card

How I'm Feeling Today:

☺ 😃 🙂 😐 ☹ 😵 🙁 😠

Imagery Thoughts: _____

_____

_____

_____

Initial Interpretation: _____

_____

_____

_____

_____

_____

Evening Interpretation: _____

_____

_____

_____

_____

_____

Date: _____

Time: _____

Deck: _____

Keywords: _____

_____

_____

Today's Card

How I'm Feeling Today:

Imagery Thoughts: _____

_____

_____

Initial Interpretation: _____

_____

_____

_____

_____

Evening Interpretation: _____

_____

_____

_____

_____

_____

Date: _____

Time: _____

Deck: _____

Keywords: _____

_____

_____

How I'm Feeling Today:

Today's Card

Imagery Thoughts: _____

_____

_____

_____

Initial Interpretation: _____

_____

_____

_____

_____

Evening Interpretation: _____

_____

_____

_____

_____

Date: _____

Time: _____

Deck: _____

_____

Keywords: _____

_____

_____

How I'm Feeling Today:

Today's Card

Imagery Thoughts: _____

_____

_____

_____

Initial Interpretation: _____

_____

_____

_____

_____

_____

Evening Interpretation: _____

_____

_____

_____

_____

_____

Date: _____

Time: _____

Deck: _____

_____

Keywords: _____

_____

_____

How I'm Feeling Today:

😆 😀 😊 😐 ☹️ 😖 🤨 😠

Today's Card

Imagery Thoughts: _____

_____

_____

_____

Initial Interpretation: _____

_____

_____

_____

_____

Evening Interpretation: _____

_____

_____

_____

_____

Date: _____

Time: _____

Deck: _____

Keywords: _____

_____

_____

Today's Card

How I'm Feeling Today:

Imagery Thoughts: _____

_____

_____

Initial Interpretation: _____

_____

_____

_____

_____

Evening Interpretation: _____

_____

_____

_____

_____

Date: _____

Time: _____

Deck: _____

Keywords: _____

_____

_____

Today's Card

How I'm Feeling Today:

Imagery Thoughts: _____

_____

_____

_____

Initial Interpretation: _____

_____

_____

_____

_____

_____

Evening Interpretation: _____

_____

_____

_____

_____

_____

Date: _____

Time: _____

Deck: _____

Keywords: _____

_____

_____

Today's Card

How I'm Feeling Today:

😄 😃 🙂 😐 🙁 😟 🥺 😠

Imagery Thoughts: _____

_____

_____

Initial Interpretation: _____

_____

_____

_____

_____

Evening Interpretation: _____

_____

_____

_____

_____

Date: _____

Time: _____

Deck: _____

Keywords: _____

_____

_____

How I'm Feeling Today:

😆 😃 🙂 😐 🙁 😖 😕 😣

Today's Card

Imagery Thoughts:

_____

_____

_____

Initial Interpretation:

_____

_____

_____

_____

_____

Evening Interpretation:

_____

_____

_____

_____

_____

Date: _____

Time: _____

Deck: _____

_____

Keywords: _____

_____

_____

Today's Card

How I'm Feeling Today:

😄 😃 🙂 😐 🙁 😖 🙄 😠

Imagery Thoughts: _____

_____

_____

Initial Interpretation: _____

_____

_____

_____

_____

Evening Interpretation: _____

_____

_____

_____

_____

Date: _____

Time: _____

Deck: _____

_____

Keywords: _____

_____

_____

Today's Card

How I'm Feeling Today:

Imagery Thoughts: _____

_____

_____

_____

Initial Interpretation: _____

_____

_____

_____

_____

Evening Interpretation: _____

_____

_____

_____

_____

Date: _____

Time: _____

Deck: _____

_____

Keywords: _____

_____

_____

How I'm Feeling Today:

Today's Card

Imagery Thoughts: _____

_____

_____

_____

Initial Interpretation: _____

_____

_____

_____

_____

_____

Evening Interpretation: _____

_____

_____

_____

_____

_____

Date: _____

Time: _____

Deck: _____

_____

Keywords: _____

_____

_____

Today's Card

How I'm Feeling Today:

😁 😃 🙂 😐 🙁 😖 🤔 😣

Imagery Thoughts: _____

_____

_____

_____

Initial Interpretation: _____

_____

_____

_____

_____

_____

Evening Interpretation: _____

_____

_____

_____

_____

_____

Date: _____

Time: _____

Deck: _____

_____

Keywords: _____

_____

_____

Today's Card

How I'm Feeling Today:

Imagery Thoughts: _____

_____

_____

_____

Initial Interpretation: _____

_____

_____

_____

_____

_____

Evening Interpretation: _____

_____

_____

_____

_____

Date: _____

Time: _____

Deck: _____

Keywords: _____

_____

_____

Today's Card

How I'm Feeling Today:

Imagery Thoughts: _____

_____

_____

Initial Interpretation: _____

_____

_____

_____

_____

Evening Interpretation: _____

_____

_____

_____

_____

Date: _____

Time: _____

Deck: _____

_____

Keywords: _____

_____

_____

How I'm Feeling Today:

Today's Card

Imagery Thoughts: _____

_____

_____

_____

Initial Interpretation: _____

_____

_____

_____

_____

_____

Evening Interpretation: _____

_____

_____

_____

_____

_____

Date: _____

Time: _____

Deck: _____

Keywords: _____

_____

_____

How I'm Feeling Today:

😄 😃 🙂 😐 🙁 😣 🫤 😠

Today's Card

Imagery Thoughts: _____

_____

_____

_____

Initial Interpretation: _____

_____

_____

_____

_____

Evening Interpretation: _____

_____

_____

_____

_____

Date: _____

Time: _____

Deck: _____

_____

Keywords: _____

_____

_____

How I'm Feeling Today:

Today's Card

Imagery Thoughts: _____

_____

_____

_____

Initial Interpretation: _____

_____

_____

_____

_____

Evening Interpretation: _____

_____

_____

_____

_____

Date: _____

Time: _____

Deck: _____

Keywords: _____
_____
_____

Today's Card

How I'm Feeling Today:

Imagery Thoughts: _____
_____
_____
_____

Initial Interpretation: _____
_____
_____
_____
_____
_____

Evening Interpretation: _____
_____
_____
_____
_____
_____

Date: _____

Time: _____

Deck: _____

Keywords: _____

_____

_____

How I'm Feeling Today:

😁 😃 🙂 😐 🙁 😟 🤨 😠

Today's Card

Imagery Thoughts: _____

_____

_____

_____

Initial Interpretation: _____

_____

_____

_____

_____

Evening Interpretation: _____

_____

_____

_____

_____

Date: _____

Time: _____

Deck: _____

Keywords: _____

_____

How I'm Feeling Today:

Imagery Thoughts: _____

_____

_____

_____

Initial Interpretation: _____

_____

_____

_____

_____

_____

Evening Interpretation: _____

_____

_____

_____

_____

Today's Card

Date: _____

Time: _____

Deck: _____

_____

Keywords: _____

_____

_____

How I'm Feeling Today:

Today's Card

😁 😃 🙂 😐 🙁 😖 🥺 😠

Imagery Thoughts:

_____

_____

_____

Initial Interpretation: _____

_____

_____

_____

_____

Evening Interpretation: _____

_____

_____

_____

_____

Date: _____

Time: _____

Deck: _____

Keywords: _____

_____

_____

Today's Card

How I'm Feeling Today:

Imagery Thoughts: _____

_____

_____

_____

Initial Interpretation: _____

_____

_____

_____

_____

_____

Evening Interpretation: _____

_____

_____

_____

_____

_____

Date: _____

Time: _____

Deck: _____

Keywords: _____
_____
_____

How I'm Feeling Today:

Today's Card

Imagery Thoughts: _____
_____
_____
_____

Initial Interpretation: _____
_____
_____
_____
_____
_____

Evening Interpretation: _____
_____
_____
_____
_____
_____

Date: _____

Time: _____

Deck: _____
_____

Keywords: _____
_____
_____

Today's Card

How I'm Feeling Today:

☺ 😃 🙂 😐 ☹ 😖 🙁 😠

Imagery Thoughts: _____
_____
_____
_____

Initial Interpretation: _____
_____
_____
_____
_____
_____

Evening Interpretation: _____
_____
_____
_____
_____
_____

Date: _____

Time: _____

Deck: _____

_____

Keywords: _____

_____

_____

How I'm Feeling Today:

😆 😃 🙂 😐 ☹️ 😟 🥺 😠

Today's Card

Imagery Thoughts: _____

_____

_____

_____

Initial Interpretation: _____

_____

_____

_____

_____

_____

Evening Interpretation: _____

_____

_____

_____

_____

_____

Date: _____

Time: _____

Deck: _____

Keywords: _____

_____

How I'm Feeling Today:

Today's Card

Imagery Thoughts: _____

_____

_____

_____

Initial Interpretation: _____

_____

_____

_____

_____

_____

Evening Interpretation: _____

_____

_____

_____

_____

_____

Date: _____

Today's Card

Time: _____

Deck: _____

_____

Keywords: _____

_____

_____

How I'm Feeling Today:

Imagery Thoughts: _____

_____

_____

Initial Interpretation: _____

_____

_____

_____

_____

Evening Interpretation: _____

_____

_____

_____

_____

Date: _____

Time: _____

Deck: _____

_____

Keywords: _____

_____

_____

Today's Card

How I'm Feeling Today:

Imagery Thoughts: _____

_____

_____

_____

Initial Interpretation: _____

_____

_____

_____

_____

_____

Evening Interpretation: _____

_____

_____

_____

_____

_____

_____

Date: _____

Time: _____

Deck: _____

_____

Keywords: _____

_____

_____

How I'm Feeling Today:

Today's Card

😄 😃 🙂 😐 🙁 😟 😕 😧

Imagery Thoughts:

_____

_____

_____

Initial Interpretation: _____

_____

_____

_____

_____

_____

Evening Interpretation: _____

_____

_____

_____

_____

Date: _____

Time: _____

Deck: _____

Keywords: _____

_____

How I'm Feeling Today:

😆 😃 🙂 😐 🙁 😖 🥺 😣

Imagery Thoughts:

_____

_____

Initial Interpretation: _____

_____

_____

_____

_____

Evening Interpretation: _____

_____

_____

_____

_____

Date: _____

Time: _____

Deck: _____

Keywords: _____

_____

_____

How I'm Feeling Today:

Today's Card

Imagery Thoughts: _____

_____

_____

_____

Initial Interpretation: _____

_____

_____

_____

_____

_____

Evening Interpretation: _____

_____

_____

_____

_____

Date: _____

Time: _____

Deck: _____

Keywords: _____

_____

How I'm Feeling Today:

Today's Card

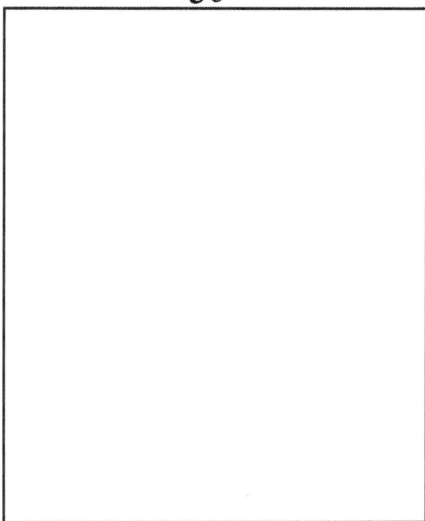

Imagery Thoughts: _____

_____

_____

Initial Interpretation: _____

_____

_____

_____

_____

Evening Interpretation: _____

_____

_____

_____

_____

_____

Date: _____

Time: _____

Deck: _____

_____

Keywords: _____

_____

_____

Today's Card

How I'm Feeling Today:

😄 😃 🙂 😐 🙁 😣 🥺 😠

Imagery Thoughts:

_____

_____

_____

Initial Interpretation: _____

_____

_____

_____

_____

Evening Interpretation: _____

_____

_____

_____

_____

Date: _____

Time: _____

Deck: _____

_____

Keywords: _____

_____

_____

How I'm Feeling Today:

Imagery Thoughts:
_____
_____
_____
_____

Initial Interpretation:
_____
_____
_____
_____
_____
_____

Evening Interpretation:
_____
_____
_____
_____
_____
_____

Today's Card

Date: _____

Time: _____

Deck: _____

Keywords: _____

_____

_____

How I'm Feeling Today:

Today's Card

Imagery Thoughts: _____

_____

_____

_____

Initial Interpretation: _____

_____

_____

_____

_____

_____

Evening Interpretation: _____

_____

_____

_____

_____

_____

Date: _____

Time: _____

Deck: _____

Today's Card

Keywords: _____

_____

_____

How I'm Feeling Today:

Imagery Thoughts: _____

_____

_____

_____

Initial Interpretation: _____

_____

_____

_____

_____

_____

Evening Interpretation: _____

_____

_____

_____

_____

_____

Date: _____

Time: _____

Deck: _____

_____

Keywords: _____

_____

_____

How I'm Feeling Today:

Today's Card

Imagery Thoughts: _____

_____

_____

_____

Initial Interpretation: _____

_____

_____

_____

_____

_____

Evening Interpretation: _____

_____

_____

_____

_____

Date: _____

Time: _____

Deck: _____

_____

Keywords: _____

_____

_____

How I'm Feeling Today:

😄 😃 🙂 😐 🙁 😖 🥺 😣

Today's Card

Imagery Thoughts: _____

_____

_____

_____

Initial Interpretation: _____

_____

_____

_____

_____

_____

Evening Interpretation: _____

_____

_____

_____

_____

_____

Date: _____

Time: _____

Deck: _____

Keywords: _____

_____

Today's Card

How I'm Feeling Today:

Imagery Thoughts: _____

_____

_____

_____

Initial Interpretation: _____

_____

_____

_____

_____

_____

Evening Interpretation: _____

_____

_____

_____

_____

_____

Date: _____

Time: _____

Deck: _____

_____

Keywords: _____

_____

_____

Today's Card

How I'm Feeling Today:

Imagery Thoughts: _____

_____

_____

Initial Interpretation: _____

_____

_____

_____

_____

Evening Interpretation: _____

_____

_____

_____

_____

Date: _____

Time: _____

Deck: _____

_____

Keywords: _____

_____

_____

How I'm Feeling Today:

😄 😃 🙂 😐 🙁 😖 🥺 😠

Imagery Thoughts: _____

_____

_____

_____

Initial Interpretation: _____

_____

_____

_____

_____

Evening Interpretation: _____

_____

_____

_____

_____

Today's Card

Date: _____

Time: _____

Deck: _____

_____

Keywords: _____

_____

_____

How I'm Feeling Today:

Today's Card

Imagery Thoughts: _____

_____

_____

Initial Interpretation: _____

_____

_____

_____

_____

_____

Evening Interpretation: _____

_____

_____

_____

_____

_____

Date: _____

Time: _____

Deck: _____

_____

Keywords: _____

_____

_____

Today's Card

How I'm Feeling Today:

😄 😃 🙂 😐 🙁 😵 🙃 😠

Imagery Thoughts: _____

_____

_____

_____

Initial Interpretation: _____

_____

_____

_____

_____

_____

Evening Interpretation: _____

_____

_____

_____

_____

_____

Date: _____

Time: _____

Deck: _____

_____

Keywords: _____

_____

_____

How I'm Feeling Today:

😆 😃 🙂 😐 🙁 😣 🥺 😠

Today's Card

Imagery Thoughts: _____

_____

_____

Initial Interpretation: _____

_____

_____

_____

_____

Evening Interpretation: _____

_____

_____

_____

_____

_____

Date: _____

Time: _____

Deck: _____

Keywords: _____
_____

How I'm Feeling Today:

Imagery Thoughts: _____
_____
_____
_____

Initial Interpretation: _____
_____
_____
_____
_____
_____

Evening Interpretation: _____
_____
_____
_____
_____
_____

Today's Card

Date: _____

Time: _____

Deck: _____

_____

Keywords: _____

_____

How I'm Feeling Today:

😄 😃 🙂 😐 🙁 😖 🤢 😣

Today's Card

Imagery Thoughts:

_____
_____
_____

Initial Interpretation:

_____
_____
_____
_____
_____
_____

Evening Interpretation:

_____
_____
_____
_____
_____
_____

Date: _____

Time: _____

Deck: _____

_____

Keywords: _____

_____

_____

Today's Card

How I'm Feeling Today:

Imagery Thoughts: _____

_____

_____

Initial Interpretation: _____

_____

_____

_____

_____

Evening Interpretation: _____

_____

_____

_____

_____

_____

Date: _____

Time: _____

Deck: _____

_____

Keywords: _____

_____

_____

Today's Card

How I'm Feeling Today:

😄 😃 🙂 😐 🙁 😖 😕 😠

Imagery Thoughts: _____

_____

_____

_____

Initial Interpretation: _____

_____

_____

_____

_____

_____

Evening Interpretation: _____

_____

_____

_____

_____

Date: _____

Time: _____

Deck: _____

_____

Keywords: _____

_____

_____

How I'm Feeling Today:

Today's Card

Imagery Thoughts: _____

_____

_____

_____

Initial Interpretation: _____

_____

_____

_____

_____

_____

Evening Interpretation: _____

_____

_____

_____

_____

_____

Date: _____

Time: _____

Deck: _____

_____

Keywords: _____

_____

_____

Today's Card

How I'm Feeling Today:

Imagery Thoughts: _____

_____

_____

_____

Initial Interpretation: _____

_____

_____

_____

_____

_____

Evening Interpretation: _____

_____

_____

_____

_____

_____

Date: _____

Time: _____

Deck: _____

_____

Keywords: _____

_____

_____

How I'm Feeling Today:

Today's Card

Imagery Thoughts: _____

_____

_____

_____

Initial Interpretation: _____

_____

_____

_____

_____

_____

_____

Evening Interpretation: _____

_____

_____

_____

_____

_____

Date: _____

Time: _____

Deck: _____

_____

Keywords: _____

_____

_____

How I'm Feeling Today:

Imagery Thoughts: _____

_____

_____

_____

Initial Interpretation: _____

_____

_____

_____

_____

_____

Evening Interpretation: _____

_____

_____

_____

_____

_____

Today's Card

Date: _____

Time: _____

Deck: _____

_____

Keywords: _____

_____

_____

Today's Card

How I'm Feeling Today:

Imagery Thoughts: _____

_____

_____

_____

Initial Interpretation: _____

_____

_____

_____

_____

_____

Evening Interpretation: _____

_____

_____

_____

_____

_____

Date: _____

Time: _____

Deck: _____

_____

Keywords: _____

_____

_____

How I'm Feeling Today:

Imagery Thoughts: _____

_____

_____

_____

Initial Interpretation: _____

_____

_____

_____

_____

_____

Evening Interpretation: _____

_____

_____

_____

_____

_____

Date: _____

Time: _____

Deck: _____

Keywords: _____
_____
_____

Today's Card

How I'm Feeling Today:

Imagery Thoughts: _____
_____
_____

Initial Interpretation: _____
_____
_____
_____
_____

Evening Interpretation: _____
_____
_____
_____
_____

Date: _____

Time: _____

Deck: _____

Keywords: _____

_____

How I'm Feeling Today:

Today's Card

Imagery Thoughts: _____

_____

_____

_____

Initial Interpretation: _____

_____

_____

_____

_____

_____

Evening Interpretation: _____

_____

_____

_____

_____

_____

Date: _____

Time: _____

Deck: _____

_____

Keywords: _____

_____

_____

How I'm Feeling Today:

Imagery Thoughts: _____

_____

_____

_____

Initial Interpretation: _____

_____

_____

_____

_____

Evening Interpretation: _____

_____

_____

_____

_____

_____

Today's Card

Date: _____

Time: _____

Deck: _____

_____

Keywords: _____

_____

_____

How I'm Feeling Today:

Imagery Thoughts: _____

_____

_____

_____

Initial Interpretation: _____

_____

_____

_____

_____

_____

Evening Interpretation: _____

_____

_____

_____

_____

_____

Today's Card

Date: _____

Time: _____

Deck: _____

Keywords: _____

_____

Today's Card

How I'm Feeling Today:

Imagery Thoughts: _____

_____

_____

Initial Interpretation: _____

_____

_____

_____

_____

Evening Interpretation: _____

_____

_____

_____

_____

Date: _____

Time: _____

Deck: _____

_____

Keywords: _____

_____

_____

How I'm Feeling Today:

Today's Card

Imagery Thoughts: _____

_____

_____

_____

Initial Interpretation: _____

_____

_____

_____

_____

_____

Evening Interpretation: _____

_____

_____

_____

_____

_____

Date: _____

Time: _____

Deck: _____

_____

Keywords: _____

_____

_____

Today's Card

How I'm Feeling Today:

Imagery Thoughts: _____

_____

_____

_____

Initial Interpretation: _____

_____

_____

_____

_____

Evening Interpretation: _____

_____

_____

_____

_____

Date: _____

Time: _____

Deck: _____

_____

Keywords: _____

_____

_____

How I'm Feeling Today:

Today's Card

Imagery Thoughts: _____

_____

_____

_____

Initial Interpretation: _____

_____

_____

_____

_____

Evening Interpretation: _____

_____

_____

_____

_____

_____

Date: _____

Time: _____

Deck: _____

_____

Keywords: _____

_____

_____

How I'm Feeling Today:

😄 😃 🙂 😐 🙁 😣 😟 😠

Imagery Thoughts: _____

_____

_____

_____

Initial Interpretation: _____

_____

_____

_____

_____

Evening Interpretation: _____

_____

_____

_____

_____

Today's Card

Date: _____

Time: _____

Deck: _____

_____

Keywords: _____

_____

How I'm Feeling Today:

Today's Card

Imagery Thoughts: _____

_____

_____

Initial Interpretation: _____

_____

_____

_____

_____

Evening Interpretation: _____

_____

_____

_____

_____

_____

Date: _____

Time: _____

Deck: _____

Keywords: _____

_____

_____

How I'm Feeling Today:

😁 😃 🙂 😐 🙁 😟 🥺 😠

Imagery Thoughts: _____

_____

_____

_____

Initial Interpretation: _____

_____

_____

_____

_____

Evening Interpretation: _____

_____

_____

_____

_____

_____

Today's Card

Date: _____

Time: _____

Deck: _____

Keywords: _____

_____

Today's Card

How I'm Feeling Today:

Imagery Thoughts: _____

_____

_____

_____

Initial Interpretation: _____

_____

_____

_____

_____

_____

Evening Interpretation: _____

_____

_____

_____

_____

_____

Date: _____

Time: _____

Deck: _____

_____

Keywords: _____

_____

_____

How I'm Feeling Today:

Today's Card

😄 😃 🙂 😐 🙁 😖 🙄 😠

Imagery Thoughts: _____

_____

_____

_____

Initial Interpretation: _____

_____

_____

_____

_____

_____

Evening Interpretation: _____

_____

_____

_____

_____

_____

Date: _____

Time: _____

Deck: _____

Keywords: _____

_____

_____

How I'm Feeling Today:

😄 😃 🙂 😐 ☹️ 😖 🥺 😣

Imagery Thoughts: _____

_____

_____

_____

Initial Interpretation: _____

_____

_____

_____

_____

_____

Evening Interpretation: _____

_____

_____

_____

_____

_____

Today's Card

Date: _____

Time: _____

Deck: _____

_____

Keywords: _____

_____

_____

How I'm Feeling Today:

Imagery Thoughts: _____

_____

_____

_____

Initial Interpretation: _____

_____

_____

_____

_____

_____

Evening Interpretation: _____

_____

_____

_____

_____

Date: _____

Time: _____

Deck: _____

Today's Card

_____

Keywords: _____

_____

_____

How I'm Feeling Today:

😄 😃 🙂 😐 🙁 😖 🥺 😠

Imagery Thoughts:

_____
_____
_____

Initial Interpretation:

_____
_____
_____
_____
_____

Evening Interpretation:

_____
_____
_____
_____
_____

Date: _____

Time: _____

Deck: _____

Keywords: _____
_____
_____

How I'm Feeling Today:

😁 😄 🙂 😐 🙁 😖 🥺 😠

Today's Card

Imagery Thoughts: _____
_____
_____
_____

Initial Interpretation: _____
_____
_____
_____
_____

Evening Interpretation: _____
_____
_____
_____
_____

Date: _____

Time: _____

Deck: _____

Keywords: _____

_____

How I'm Feeling Today:

Today's Card

Imagery Thoughts: _____

_____

_____

_____

Initial Interpretation: _____

_____

_____

_____

_____

Evening Interpretation: _____

_____

_____

_____

_____

Date: _____

Time: _____

Deck: _____

_____

Keywords: _____

_____

_____

Today's Card

How I'm Feeling Today:

Imagery Thoughts: _____

_____

_____

_____

Initial Interpretation: _____

_____

_____

_____

_____

_____

Evening Interpretation: _____

_____

_____

_____

_____

Date: _____

Time: _____

Deck: _____

Keywords: _____

_____

How I'm Feeling Today:

😆 😃 🙂 😐 🙁 😣 🥺 😠

Imagery Thoughts: _____

_____

_____

_____

Initial Interpretation: _____

_____

_____

_____

_____

Evening Interpretation: _____

_____

_____

_____

_____

Today's Card

_____

Date: _____

Time: _____

Deck: _____

_____

Keywords: _____

_____

_____

How I'm Feeling Today:

😄 😃 🙂 😐 ☹️ 😖 🥺 😡

Today's Card

Imagery Thoughts: _____

_____

_____

_____

Initial Interpretation: _____

_____

_____

_____

_____

_____

Evening Interpretation: _____

_____

_____

_____

_____

_____

Date: _____

Time: _____

Deck: _____

_____

Keywords: _____

_____

How I'm Feeling Today:

Today's Card

Imagery Thoughts: _____

_____

_____

_____

Initial Interpretation: _____

_____

_____

_____

_____

Evening Interpretation: _____

_____

_____

_____

_____

Date: _____

Time: _____

Deck: _____

_____

Keywords: _____

_____

_____

How I'm Feeling Today:

Today's Card

Imagery Thoughts: _____

_____

_____

_____

Initial Interpretation: _____

_____

_____

_____

_____

_____

Evening Interpretation: _____

_____

_____

_____

_____

_____

Date: _____

Time: _____

Deck: _____

Keywords: _____

_____

How I'm Feeling Today:

Today's Card

Imagery Thoughts: _____

_____

_____

Initial Interpretation: _____

_____

_____

_____

_____

Evening Interpretation: _____

_____

_____

_____

_____

_____

Date: _____

Time: _____

Deck: _____

_____

Keywords: _____

_____

_____

How I'm Feeling Today:

Today's Card

Imagery Thoughts: _____

_____

_____

_____

Initial Interpretation: _____

_____

_____

_____

_____

_____

Evening Interpretation: _____

_____

_____

_____

_____

_____

Date: _____

Time: _____

Deck: _____

_____

Keywords: _____

_____

_____

How I'm Feeling Today:

😑 😃 🙂 😐 🙁 😵 🥺 😣

Today's Card

Imagery Thoughts: _____

_____

_____

_____

Initial Interpretation: _____

_____

_____

_____

_____

Evening Interpretation: _____

_____

_____

_____

_____

_____

_____

Date: _____

Time: _____

Deck: _____

_____

Keywords: _____

_____

_____

Today's Card

How I'm Feeling Today:

Imagery Thoughts: _____

_____

_____

_____

Initial Interpretation: _____

_____

_____

_____

_____

_____

Evening Interpretation: _____

_____

_____

_____

_____

_____

Date: _____

Time: _____

Deck: _____

_____

Keywords: _____

_____

How I'm Feeling Today:

Today's Card

Imagery Thoughts: _____

_____

_____

_____

Initial Interpretation: _____

_____

_____

_____

_____

Evening Interpretation: _____

_____

_____

_____

_____

_____

Date: _____

Time: _____

Deck: _____

Keywords: _____

_____

How I'm Feeling Today:

😄 😃 🙂 😐 🙁 😟 🥺 😠

Imagery Thoughts: _____

_____

_____

Initial Interpretation: _____

_____

_____

_____

_____

Evening Interpretation: _____

_____

_____

_____

_____

Today's Card

Date: _____

Time: _____

Deck: _____

_____

Keywords: _____

_____

How I'm Feeling Today:

😅 😃 🙂 😐 🙁 😖 🥺 😠

Today's Card

Imagery Thoughts:

_____

_____

Initial Interpretation:

_____

_____

_____

_____

Evening Interpretation:

_____

_____

_____

_____

_____

Date: _____

Time: _____

Deck: _____

Keywords: _____
_____

How I'm Feeling Today:

😄 😃 🙂 😐 😟 😖 😢 😠

Today's Card

Imagery Thoughts: _____
_____
_____

Initial Interpretation: _____
_____
_____
_____
_____

Evening Interpretation: _____
_____
_____
_____
_____
_____

Made in the USA
Las Vegas, NV
09 February 2021